AF413452

TORNA A *splendere*

UNA GUIDA PER REAGIRE ALLE DIFFICOLTÀ DELLA VITA E RIALZARSI PIÙ FORTI DI PRIMA

NINA MADSEN

Special Art Development

Torna a splendere

Una guida per reagire alle difficoltà della vita e
rialzarsi più forti di prima

Nina Madsen

Hardcover ISBN : 9791255531395

www.specialartbooks.com
support@specialartbooks.com

Sommario

Introduzione

Resilienza: un termine molto popolare oggi giorno, nonché una caratteristica decisamente positiva. Finalmente la gente parla di resilienza, della capacità di riprendersi dalle difficoltà e di come possiamo svilupparla nella nostra vita. In genere ci insegnano che per avere una buona vita dobbiamo essere gentili, lavorare sodo e trovare qualcuno che ci ami.

Tuttavia, lo sviluppo della resilienza, la capacità di attingere alla forza interiore che ognuno possiede, viene spesso trascurato. Si tratta di credere di avere il coraggio e la capacità di superare i momenti difficili e uscirne più forti di prima.

Ti troverai ad affrontare molte battaglie nella tua vita, come discussioni in famiglia, la morte di un familiare, il licenziamento, problemi economici o addirittura il divorzio. Ognuno ha i propri fardelli da portare nel corso della vita. Avere resilienza e sapere come metterla in pratica può fare davvero la differenza.

Ma non temere: quel potenziale è già dentro di te e tutto quello che devi fare è scoprire come svilupparlo al meglio. In questo libro, voglio mostrarti come puoi coltivare la tua resilienza attraverso l'amore per te stessa e l'attenzione, sviluppando il coraggio, la forza e la determinazione.

Rafforza la tua capacità di superare le difficoltà amando la tua generosità, entusismo, verità, capacità di crescere e, soprattutto, la tua forza. Anche se abbiamo persone care che ci supportano nella quotidianità, dobbiamo comunque essere in grado di contare su noi stesse.

Siamo noi a dover superare i momenti difficili, nessun altro può farlo al posto nostro.

Assumiti le tue responsabilità e sii orgogliosa di te stessa. Non lasciare che i momenti difficili prendano il sopravvento: la resilienza ti consente di assumere il controllo della tua vita e di apprezzarne i lati positivi.

Parte prima: Ama la tua generosità

Capitolo uno

Coltiva la consapevolezza

> **"** La chiave di tutto è innamorarsi di te
> stessa e condividere questo amore
> con qualcuno che ti apprezza, piuttosto
> che cercare amore per riempire un
> vuoto di autostima
> —*Eartha Kitt* **"**

Al giorno d'oggi non è possibile fare facilmente a meno della tecnologia, soprattutto dei social.

Sembra che ormai i nostri telefoni siano quasi un'appendice dei nostri corpi, e sempre più indispensabili per lavorare. Ormai ci sono ruoli di lavoro esclusivamente dedicati allo sviluppo dei social media di un'azienda. Ma prendersi una pausa dalla tecnologia potrebbe essere la cosa migliore da fare per uscire da un momento difficile.

I social media hanno provocato un'epidemia di inconsapevolezza: scorriamo continuamente il dito sullo schermo, guardiamo in continuazione tantissimi contenuti, senza neanche riflettere. Con i social ci perdiamo in una strana nebbia. Per alcuni può essere rilassante, come guardare la televisione, proprio perché è un momento senza stress e senza pensieri.

Ma svolgere troppe attività senza riflettere può condurci a una sorta di stato depressivo. La nostra mente non è impegnata e quindi perdiamo di vista il presente, poi, quando arrivano i momenti difficili, ci perdiamo in un bicchier d'acqua. Tuttavia, se metti in pratica delle buone abitudini con il tuo dispositivo, puoi adottare la *mindfulness* anche in altri ambiti della tua vita.

METTILO IN PRATICA

Ci sono certamente vantaggi nell'utilizzare i social media, ma scorrere all'infinito i vari contenuti può farti sentire persa. È un'attività che non richiede consapevolezza e che, in realtà, non ti dà alcuna energia. Piuttosto che utilizzare i social media senza pensare, cerca di cambiare il tuo rapporto con il telefono e gli altri dispositivi. Abbraccia la cosiddetta *mindfulness*.

Cerca app che ti aiutino a diventare più consapevole del tempo che passi sullo schermo. Una volta superato il tempo che ti sei prefissata di passare online, trova altri modi per intrattenerti: leggi un libro, siediti in tranquillità sul divano, vai a fare una passeggiata, vai a trovare un amico.

Dimostra a te stessa che il tempo dedicato all'ozio può essere preziosi e non qualcosa da consumare.

Quando torni a usare il tuo dispositivo, pensa a cosa guardi e perché. Trova sui social media cinque o sei account che ti ispirano davvero. Cerca artisti, scrittori o magari anche una meditazione guidata. Rendi più fruttuoso il tempo che passi davanti allo schermo.

Esercizio Creativo

Disegna un ambiente tranquillo all'aperto, ad esempio una sdraio in riva al mare o una panchina vicino a un meraviglioso lago. Mentre disegni, ricorda a te stessa che la tranquillità e la natura sono a portata di mano se vivi con intenzione.

Conclusioni

Inizia a prestare attenzione al tuo tempo, a ciò che vedi e a ciò che pensi. In questo modo, riuscirai a goderti meglio il momento presente, non ti stai semplicemente tenendo occupata per evitare di pensare ad altro. Goditi il presente e costruisci la tua resilienza per diventare più forte che mai.

 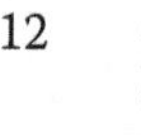 

Capitolo due

Impara ad amare la tua solitudine

> **Non abbassare mai la testa.
> Tienila sempre alta**
> *—Helen Keller*

Il viaggio verso l'amore per noi stesse può essere lungo. Mentre a volte è facile perdonare gli altri per gli errori che hanno commesso, può essere estremamente difficile perdonare se stesse o concedersi una pausa. Passare del tempo da sola può aiutarti a fortificare l'autostima e la capacità di essere più clemente con te stessa.

Se non ti piace restare sola, dovresti capirne il motivo. Cosa ti impedisce di prenderti del tempo per goderti

il silenzio? Si tratta davvero di non avere abbastanza tempo o c'è qualcosa di più profondo che ti impedisce di trovare la quiete?

Prendersi uno spazio per sé può voler dire cose diverse per persone diverse, ma dovrebbe sempre essere un'occasione per sentirci al sicuro e per fare qualcosa che ci piace.

METTILO IN PRATICA

Una cosa che ti consiglio è di creare uno spazio in casa che sia esclusivamente tuo. Magari uno studio, un angolo di lettura, o anche solo una sedia speciale. Qualsiasi cosa decida di fare in quello spazio dipende solo da te: può essere un posto in cui rifugiarti per stare da sola, per analizzare i tuoi pensieri senza giudicarli o fare qualcosa che ti renda felice.

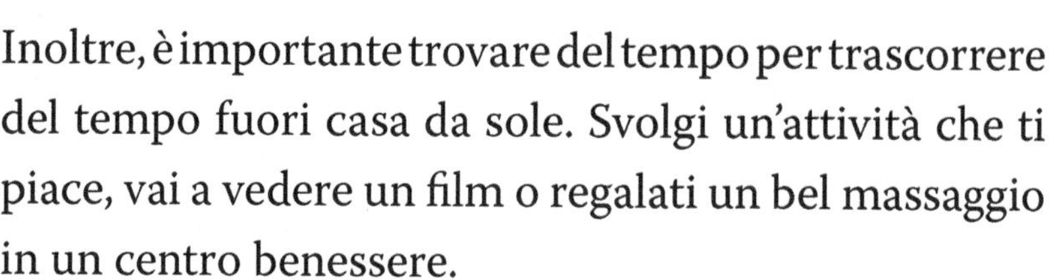

Inoltre, è importante trovare del tempo per trascorrere del tempo fuori casa da sole. Svolgi un'attività che ti piace, vai a vedere un film o regalati un bel massaggio in un centro benessere.

ESERCIZIO CREATIVO

Disegna un'immagine di te, felice e tranquilla, seduta su una comoda poltrona a pensare. Il tempo che passi con te stessa non dovrebbe essere stressante, ma piuttosto un momento di evasione. Torna al disegno quando dubiti se passare del tempo da sola.

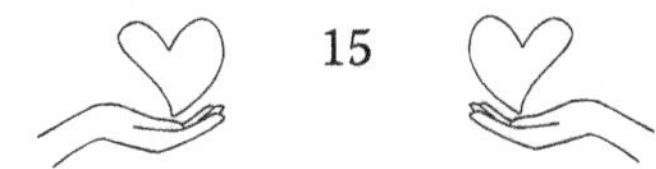

Conclusioni

Amare se stesse richiede anche di trascorrere del tempo da sole. Proprio come qualsiasi altra cosa, più lo fai, più sarai in grado di goderti quel momento e di trarne benefici. Inoltre, man mano che costruisci fiducia in te stessa e amore per te stessa attraverso la solitudine, sviupperai anche la resilienza.

Capitolo tre

Sviluppa il tuo coraggio

Molte persone pensano che avere coraggio significhi non avere paura. Leggiamo storie d'avventura e guardiamo film emozionanti in cui i personaggi principali sono sempre estremamente audaci. Non sembrano spaventati mentre combattono un nemico pericoloso o esplorano un luogo misterioso. Così, spesso ci ritroviamo a dire. "Oh, io non potrei mai farlo. Avrei troppa paura!". Ma, in realtà, il coraggio non è quello.

Coraggio è decidere di fare qualcosa *anche se* ci spaventa. Potresti avere una gran fifa, ma fare quel passo e affrontare ciò che ti intimorisce può davvero aiutarti a crescere come persona. La paura non ci controlla e, a suo malgrado, possiamo raggiungere gli obiettivi e fare progressi.

Superare la paura è esattamente ciò che costruisce la resilienza. Se cediamo sempre ai nostri timori e permettiamo loro di allontanarci dai nostri obiettivi, ci abituiamo a nasconderci. Così, quando arrivano le difficoltà, scappiamo e non siamo in grado di affrontarle. Ma più ti eserciti ad sfidare le tue paure e a fare ciò che ti spaventa, più ti sentirai forte davanti agli ostacoli. Sarai potente e resiliente.

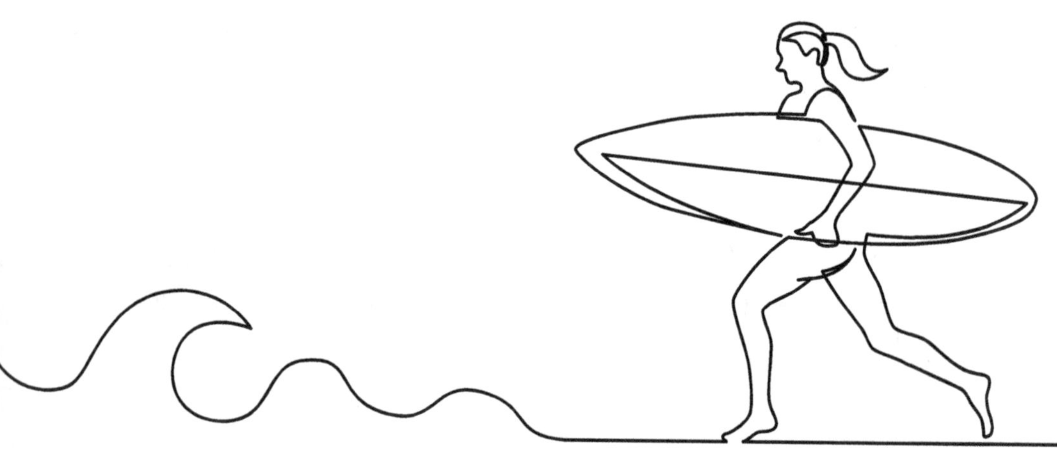

METTILO IN PRATICA

Trasforma le parole di Eleanor Roosevelt nel tuo mantra: fai ogni giorno qualcosa che ti spaventa. Dovrebbe diventare un'abitudine, proprio come mangiare frutta e verdura ogni giorno. Prendi il tuo diario e inizia a elencare le cose che ti fanno paura, specie quelle che ti piacerebbe fare. Se sei alla ricerca di idee, da' un'occhiata alla lista sotto.

Hai paura di:

- scalare su roccia?
- parlare in pubblico?
- incontrare nuove persone?
- chiedere una promozione al lavoro?
- chiedere a qualcuno di uscire?

Scrivi tutto quel che ti viene in mente e poi analizzalo. Qual è la cosa peggiore che potrebbe accadere se affrontassi quella paura? Scrivi cosa potrebbe succedere se ti avvicinassi a uno sconosciuto, per esempio.

....

....

....

....

....

Una volta identificati gli scenari peggiori, parla con qualcuno che ha già affrontato una situazione simile. Chiedigli di condividere la sua esperienza e cosa ha imparato.

Dopodiché, scegli una delle tue paure e mettila alla prova. Datti il permesso di non riuscirci bene o di fallire completamente. Va bene così. Ricorda ciò che l'altra persona ha detto in merito a ciò che ha imparato lavorando sulle proprie paure.

ESERCIZIO CREATIVO

Disegna un'immagine di qualcosa che ti spaventa. Magari una cima di una montagna, qualcuno che parla in pubblico o una scena di coraggio. Immagina di trovarti lì mentre la disegni. Ricorda che la paura è naturale e che non deve ostacolarti.

Conclusioni

L'idea di fare qualcosa di cui hai paura può non sembrarti così allettante all'inzio, ma potresti sorprenderti di scoprire quanto in realtà ti piacerà. In caso contrario, avrai comunque imparato qualcosa. Addio paura, benvenuta resilienza!

Capitolo quattro

Fatti un regalo

> La cura di sé è il modo per riprendersi il potere
> —*Lalah Delia*

Ogni anno, a Natale facciamo regali alle persone alle quali teniamo di più, ma mai a noi stesse. Perché tendiamo a trascurarci?

Non esagerare, rispetta il tuo budget e sii realista, ma ricorda che c'è molto da guadagnare iniziando a farsi dei regali! È una maniera per ricordare a te stessa che, anche se il mondo può essere un posto crudele, meriti comunque amore, rispetto e attenzione. Ti meriti un dono e a volte hai solo bisogno di sentirtelo dire.. e perché non dirtelo tu stessa!

Allo stesso tempo, facendoti dei regali ti ricorderai che, anche se il mondo può essere un luogo crudele, meriti comunque amore, rispetto e attenzione... e perché no, anche un dono!

METTILO IN PRATICA

Pensa a qualcosa che ti piace e che ti renderebbe felice ricevere in regalo. Spesso incoraggio le donne a prendere in considerazione una giornata alla spa: non è solo un momento da dedicare a se stesse, ma anche un'esperienza rilassante che ti permette di concentrarti su di te e sul tuo benessere. Puoi anche comprare una *gift card* per la spa da usare in futuro. Così, quando arriverà il momento, potrai scegliere in tranquillità di dedicarti un giorno di puro relax.

Inizia a fare scorta di carte regalo qua e là da utilizzare in giorni di pioggia, quando avrai davvero bisogno di una coccola. Mettile da parte, e *voilà*! Avrai un piccolo gruzzoletto tutto per te!

Non hai bisogno di scuse per farti un regalo, puoi usare quei piccoli doni come ricompensa per il raggiungimento degli obiettivi che ti sei prefissata. Ad esempio, se sei uscita dalla tua zona di comfort e hai provato qualcosa che prima ti spaventava! Ben fatto!

Esercizio Creativo

Disegna qualcosa che ti piacerebbe ricevere in regalo. Vai oltre le cose materiali e considera qualcosa che abbia un significato per te o a cui aspiri. La cosa rappresentata potrebbe diventare qualcosa a cui tendere man mano che ti abitui a fare regali a te stessa.

Conclusioni

Non dimenticarti di te quando acquisti i regali di Natale quest'anno. Non che tu debba per forza farti un regalo di Natale, ma inizia a pensare a te stessa come a una persona degna di doni e attenzioni. I regali sono un bellissimo linguaggio d'amore e quando li fai a te stessa, è come se ti stessi dicendo: "Ehi, sei importante anche tu!".

Parte seconda: Ama il tuo entusiasmo

Capitolo cinque

Concediti un po' di riposo

> " Prendermi cura di me stessa non è autoindulgenza, è autoconservazione
>
> —*Audre Lorde* "

Ah, il riposo! La parola stessa contiene un suono e una sensazione che richiama il lasciar andare, il completo relax. Sia gli animali che gli esseri umani dedicano parte del loro tempo al lavoro e parte al riposo. Tuttavia, col passare del tempo, noi umani abbiamo iniziato a concentrarci di più sul lavoro, trascurando la fase di rilassamento. Sempre più persone soffrono di insonnia, di stanchezza e vivono un sovraccarico di attività.

Riposarsi sembra ormai un lusso e per alcuni può sembrare persino egoista. Il sonno è utilitaristico. Tutti dormiamo e il nostro corpo lo richiede fisiologicamente, ma il riposo è qualcosa di completamente diverso. Si tratta di focalizzarsi sul rallentare i propri ritmi, lasciando che l'attività del corpo e della mente si fermi per un po'. Sono tanti i modi in cui puoi concederti una piccola pausa, come fare meditazione, un pisolino, sognare ad occhi aperti e stare semplicemente seduta in silenzio. Nel riposo, non siamo coscienti del trascorrere del tempo e non esistono preoccupazioni. Dai semplicemente a te stessa lo spazio e il permesso di riprendere fiato.

Mettilo in Pratica

Prima di tutto, il sonno fa parte del riposo, quindi iniziamo da quello. Per facilitarlo, rivaluta il tuo spazio in camera da letto. Molte volte, vi portiamo tanti oggetti, come dispositivi o attrezzature per l'allenamento, quando quello spazio dovrebbe essere dedicato esclusivamente al sonno e al riposo. Guarda la tua stanza: ogni cosa che contiene è dedicata solo al sonno e al riposo?

Portaci, ad esempio, cose che ti richiamano alla mente pace e tranquillità. Potrebbe essere una bella conchiglia che hai trovato sulla spiaggia, una foto scattata nella natura o alcuni rametti di rosmarino dal tuo orto. Decora la stanza in modo che trasmetta quiete e benessere. Così, al risveglio, la tua mente sarà ben riposata e pronta a iniziare la giornata.

Per favorire un sonno migliore, sviluppa una routine che prepari il tuo corpo a riposare durante la notte. In questo modo, dormirai più facilmente e al risveglio ti sentirai davvero rigenerata.

Ma il riposo non è solo dormire, ma anche prendersi un po' di tempo per rallentare e fare un passo indietro. È dimostrato che il riposo aiuta a consolidare la memoria (Tucker, et al., 2020). Ma non solo: ti offre una tregua senza che tu debba per forza dormire per otto ore.

Ti sfido a ritagliarti circa due minuti al giorno interamente dedicati al riposo. Poi cerca di arrivare almeno a cinque. Trova un posto tranquillo e siediti, magari sulla tua sedia a sdraio, in un angolo in cui leggi o su un'amaca. Fai qualche respiro profondo e goditi il momento.

ESERCIZIO CREATIVO

Disegna un'immagine che rappresenti il riposo: un letto morbido, un'alba, un'amaca. Trova qualcosa che richiami quell'idea nella tua mente. Tieni l'immagine in vista, in modo da ricordarti sempre di dedicare del tempo al relax nella tua vita, di fermarti e goderti i momenti di autentico riposo.

Conclusioni

Anche se non sembra, ci sono momenti durante la giornata che puoi dedicare al riposo. Oltre a dormire bene la notte, concentrati sul trovare qualche minuto per fare una pausa. Lascia che la tua

mente e il tuo corpo si rilassino mentre ti godi e assapori quel relax. Scoprirai di avere ancora più energia per fare le cose che ami. Più sei riposata e allegra, maggiore sarà la tua resilienza.

Capitolo sei

Sviluppa le tue conoscenze

> La conoscenza ha un inizio,
> ma non una fine
> —*Geeta Iyengar*

Chi l'ha detto che l'apprendimento deve avvenire solo a scuola? Acquisiamo costantemente nuove competenze, anche quando non ne siamo consapevoli. Altrimenti, come potremmo imparare a superare i momenti difficili, cambiare lavoro o persino diventare genitori? Le nostre menti sono curiose per natura, quindi, esci e cerca opportunità per apprendere nuove cose.

Quando impari qualcosa che ti interessa non eserciti solo il cervello, ma acquisisci anche sicurezza in

te stessa. Sapere è davvero potere: ogni volta che acquisisci una nuova abilità o conoscenza, dimostri a te stessa la tua capacità di apprendere.

Sviluppare le tue conoscenze ti dà anche la possibilità di esplorare argomenti che magari non hai mai approfondito prima. E questo rende la vita ancora più bella!

METTILO IN PRATICA

Fai un elenco di tre argomenti che ti interessano. Potrebbe essere la seconda guerra mondiale, la fisica o la letteratura inglese. Una volta individuati i temi, trova opportunità per approfondirli. Puoi trovare un libro su questi argomenti in biblioteca? C'è un corso gratuito da qualche parte nella tua zona o magari online? La lettura e l'apprendimento hanno entrambi un grande potere; inoltre, leggere è un modo meraviglioso per praticare la consapevolezza.

Rimani nel presente mentre approfondisci questi argomenti e acquisisci nuove conoscenze. Non conta nient'altro, solo quell'opportunità che ti dai per imparare qualcosa di nuovo che ti interessa.

Inoltre, la lettura e la visione di video aumentano le funzioni cognitive e rafforzano la memoria. Dopo aver approfondito qualcosa, trova altre persone che amano quell'argomento tanto quanto te e incontratevi per discuterne.

ESERCIZIO CREATIVO

Prendi una foto o fai un disegno di una libreria che mostri i titoli dei libri che approfondiscono il tema che hai scelto di conoscere meglio. Colora quel disegno e concentrati su quanta conoscenza puoi ancora acquisire. È un viaggio senza fine e questa è la parte più emozionante: potrai sempre scoprire qualcosa in più.

Conclusioni

L'apprendimento stimola il nostro cervello e, allo stesso tempo, ci permette di fuggire dai pensieri negativi. A volte, ci focalizziamo così tanto sui nostri impegni quotidiani che ci dimentichiamo di coltivare altre passioni. È come se il nostro cervello procedesse con il pilota automatico. Ma imparando cose nuove, puoi espandere la tua mente e adottare una nuova prospettiva della vita. Ogni volta che padroneggi nuove conoscenze, il mondo intorno a te si apre un po' di più.

Capitolo sette

Crea sicurezza in te stessa

> "Dico che sono bella. Dico che sono forte.
> Non deciderai la mia storia
> —Amy Schumer"

Molti dei problemi emotivi di una persona si riducono a una cosa: la sicurezza in se stessi, o meglio, la sua mancanza. Spesso, durante la nostra vita, ci viene detto chi e come dovremmo essere; così cerchiamo di capire come camminare, parlare e agire; cerchiamo di guardare le persone intorno a noi e adattarci il più possibile. È naturale, e tutti i messaggi che riceviamo dall'esterno ci dicono che dovremmo rientrare in un modello.

Mantenersi in forma, non trasgredire, apparire in questo o in quel modo, credere solo a determinate cose, e l'elenco continua. Spesso gran parte della nostra sicurezza come donne proviene dal nostro corpo. Il mondo ci si focalizza così tanto sul corpo femminile e su come dovrebbe apparire che danneggia la nostra autostima se non ci sentiamo all'altezza di quei modelli.

Io ti incoraggio a cominciare a sviluppare la *tua* autostima. Smettila di aspettare che altre persone riconoscano le tue qualità. Proprio come qualsiasi altra cosa, la fiducia viene da dentro di te. Sei tu a decidere la tua storia; sei tu a decidere cosa provi per te stessa. Non lasciare che nessun altro ti dica quanta autostima dovresti avere.

Mettilo in Pratica

Mettiti davanti a uno specchio a figura intera e osservati. Nel tuo diario, elenca cinque aspetti che non ti piacciono di te o tratti di cui non ti senti all'altezza rispetto agli standard imposti dalla società. Poi, trasforma ciò che hai scritto in positivo.

Ad esempio, se non ami le tue rughe, rifletti su ciò che quelle linee dicono di te. Magari dicono quanto ami

ridere, stare al sole e goderti la vita. Se non ami le tue gambe, pensa a tutte le cose che ti hanno permesso di fare nel corso della tua vita: ballare, fare escursioni, camminare nella natura.

Il punto di questo esercizio non è quello di individuare i propri difetti, quanto piuttosto di lavorare per cambiare non il tuo corpo, ma la maniera in cui lo vedi, trovare ciò che non ti piace e imparare ad amarlo. Apprezzare il nostro corpo e accettarlo è indispensabile per costruire l'autostima.

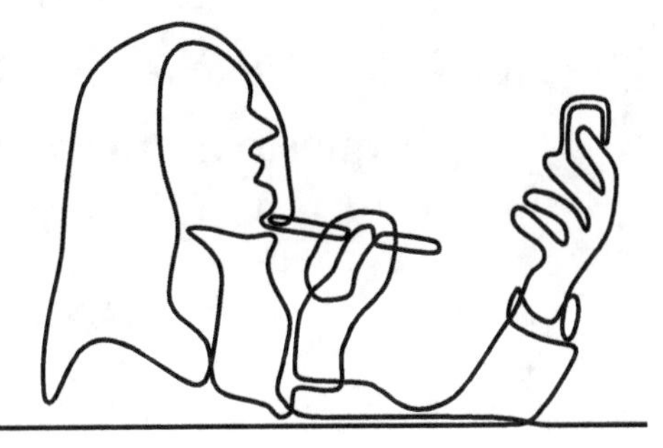

Come puoi farlo? Potresti ringraziare le tue gambe con un bel massaggio; o magari puoi applicare delle creme al viso, dando valore alla tua pelle. Trova modi per mostrare la tua gratitudine invece che concentrarti sugli aspetti negativi. Costruisci la tua resilienza: quando ami il tuo corpo e apprezzi ciò che sei, sei più forte dentro e fuori.

ESERCIZIO CREATIVO

Disegna te stessa cercando di rappresentare la tua unicità e le parti del tuo corpo che raccontano la tua storia. Le rughe intorno alla bocca mostrano quanto ridi. La cicatrice del piercing all'ombelico mostra la tua freschezza e il tuo non conformismo. Potresti andare avanti all'infinito. Il tuo corpo è unico e ti descrive. Non è tutto ciò che sei, ma è una parte importante di te e per questo motivo dovresti amarlo e rispettarlo.

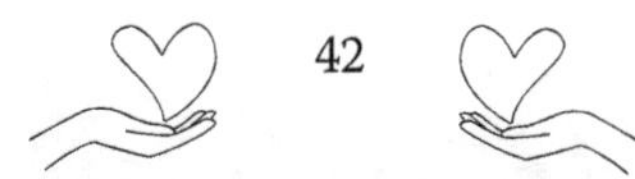

Conclusioni

Sii gentile con te stessa! A volte è più facile riconoscere i nostri aspetti meno visibili, meno, per noi donne, apprezzare il nostro aspetto fisico. Spesso facciamo eco alle voci della società e ci diciamo che siamo troppo grasse o troppo magre o troppo vecchie. Impara ad accettare chi sei e ad apprezzare il tuo corpo, piuttosto che concentrarti solo su ciò che ti manca.

Capitolo otto

Rifletti sui tuoi progressi

> La vita è energia; pura energia creativa
> —*Julia Cameron*

Come possiamo notare i nostri progressi se non ci fermiamo a riflettere su quanto fatto? Proprio come a scuola, nel corso della vita riceviamo voti e commenti sui nostri compiti per aiutarci a capire come stiamo andando. Ora, non sto dicendo che dovresti dare un voto alle tue capacità e alla tua crescita, ma inizia a riflettere sui progressi e miglioramenti che hai fatto.

L'attenzione non dovrebbe essere rivolta all'obiettivo finale, ma al viaggio. Ciò che conta è il viaggio, come si suol dire, ma troppo spesso pensiamo solo a

raggiungere il traguardo. In questo modo, ci perdiamo tutte le cose importanti lungo il percorso.

Riflettere sui tuoi progressi è un modo per concentrarti sugli aspetti positivi e lasciare che quelli negativi passino in secondo piano. Equivale a dire a noi stesse: "Ehi, guarda quanto sei migliorata", invece di "Hai sbagliato un'altra volta!".

Se inizi a guardare la vita in questo modo, comincerai a mettere da parte alcune delle tue paure, ad esempio quella di non essere all'altezza o di non poter raggiungere i tuoi sogni. L'obiettivo è il progresso. Il sogno è migliorare e cambiare costantemente. Ciò che conta è migliorare e andare avanti.

METTILO IN PRATICA

Prima di andare a letto, prendi il tuo diario e inizia a mettere nero su bianco i tuoi pensieri concentrandoti sul progresso. Pensa a tutte gli ambiti della tua vita, dal lavoro alla famiglia, e alle cose che hai imparato o ai miglioramenti che hai fatto nelle ultime settimane. Magari hai iniziato ad esprimere il tuo pensiero durante le riunioni di lavoro, oppure ti sei iscritta a un corso online.

Anche se si tratta di cose più piccole, come ad esempio che hai scoperto qualcosa di nuovo su di te su cui vuoi lavorare, va bene. Scrivilo. Mostra i progressi che stai facendo e continua a impegnarti per diventare la versione migliore di te stessa.

....

....

....

....

....

ESERCIZIO CREATIVO

Disegna un'alba. Non dovremmo pensare solo al sole quando è al suo apice e splende su di noi, ma dovremmo godercelo in tutto il suo percorso, dall'alba rosa e calda all'avvolgente tramonto arancione. Lo stesso vale per te: non importa in quale punto del tuo viaggio ti trovi, l'importante è che stai facendo progressi.

Conclusioni

Il progresso è il vero obiettivo. Chiunque, impegnandosi ogni giorno, può migliorare e avvicinarsi ai propri obiettivi. Ma ricorda che non importa il traguardo: ciò che conta è il viaggio!

Parte terza:
Ama la tua verità

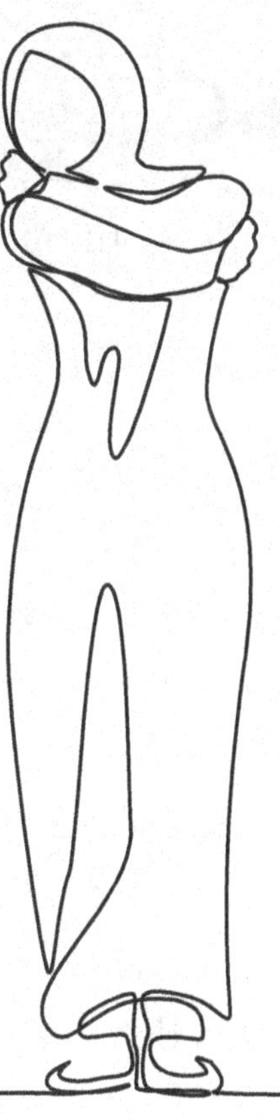

Capitolo nove

Custodisci i tuoi confini

> Crescendo, scoprirai di avere due mani: una per aiutare te stesso, l'altra per aiutare gli altri
>
> — *Maya Angelou*

I confini sono molto importanti ed è incredibile quanto poco se ne parli. Sono cresciuta senza mai imparare nulla sui limiti che dovremmo porci e mi sono poi ritrovata a doverli gestirli più tardi nella vita. Mettere dei confini è indispensabile per sviluppare amore verso se stesse e resilienza nei momenti meno felici della vita.

I limiti servono a comunicare agli altri che non permetterai loro di trattarti come vogliono. Devi esprimere chiaramente ciò di cui hai bisogno se ti aspetti qualcosa da qualcuno.

Una delle regole più importanti sui confini è questa: non puoi controllare le azioni degli altri. Puoi solo controllare *te stessa*. Lascia che lo ripeta: non puoi controllare le azioni degli altri. Puoi solo controllare quello che fai e dici *tu*. È un po' difficile da accettare, ma questa consapevolezza può renderti libera.

Quando ci rendiamo conto di avere il controllo su noi stesse, non dobbiamo più preoccuparci di ciò che fanno gli altri. Devi scoprire dove sono i tuoi confini e come puoi costruirli e proteggerli in ogni situazione.

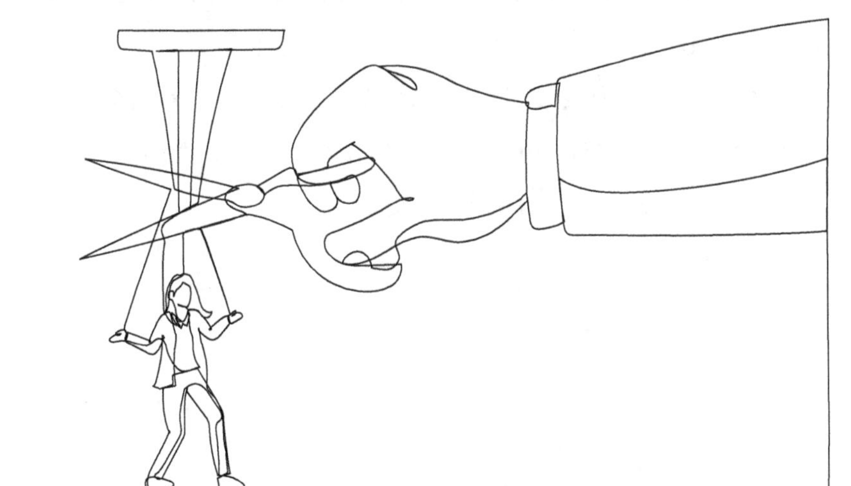

METTILO IN PRATICA

Per scoprire fino a che punto riesci a sopportare determinate situazioni, scrivi tre cose che suscitano in te delle sensazioni poco piacevoli. Ad esempio, tua sorella che ti manda un messaggio alle 3 del mattino chiedendoti una risposta immediata; o magari il tuo vicino che inizia a tagliare l'erba all'alba.

Fai un elenco e inizia a pensare a come puoi stabilire un confine per proteggerti. Nel primo esempio, puoi semplicemente mettere il telefono in modalità silenzioso durante la notte. Nel secondo, puoi suggerire una soluzione migliore.

Ricorda, non tutti reagiranno bene a questo tuo nuovo comportamento, ma i limiti sono essenziali per evitare che le persone ti calpestino. Si tratta di difenderti, proteggerti dal dolore e mostrare agli altri che sai quello che vuoi, che tieni a te stessa e non ti lasci abbattere facilmente!

ESERCIZIO CREATIVO

Disegna un'immagine di una recinzione da appendere in casa per ricordarti che è giusto porre dei limiti. Non si tratta di egoismo o di essere scortesi con le persone, ma semplicemente di dire: "Questo è ciò di cui ho bisogno e tengo a me stessa abbastanza da ottenerlo". Rimarrai stupita da ciò che accadrà!

 53 

Conclusioni

Puoi porre dei limiti in tutte le aree della tua vita. Ti consiglio di approfondire questo argomento per capire meglio dove hai bisogno di confini e come puoi rafforzarli. Più ne avrai, maggiore sarà la tua resilienza, perché anche se ci saranno sempre forze esterne che non puoi controllare, puoi sempre trovare la forza dentro di te. Inizia a costruire!

Capitolo dieci

Sii sempre pronta

> "Sono un essere umano libero con una volontà indipendente
> —*Charlotte Bronte*"

Non potendo controllare coloro che ci circondano, pur stabilendo dei limiti, a volte le persone possono farci del male. Oltre a sviluppare l'autostima e a mettere dei confini, devi anche costruire un senso di sicurezza.

Ognuno ha il diritto di sentirsi al sicuro ma, sfortunatamente, le donne sono spesso bersaglio di comportamenti offensivi. Se in passato hai subito qualche abuso, ricorda che non è colpa tua. Non c'è niente che tu abbia fatto che possa aver causato tale comportamento e nessuno dovrebbe dirti il contrario.

L'abuso è stato esclusivamente una colpa di chi l'ha perpetrato.

Uno dei modi per costruire l'autonomia e il senso di sicurezza è essere preparata.

MFTTILO IN PRATICA

Poche cose sono più liberatorie e rassicuranti della propria autonomia e sicurezza. Iscriviti a un corso gratuito di autodifesa pensato per le donne. Acquista e impara a usare lo spray al peperoncino, porta con te un cordino con un fischietto se vai a camminare di sera. Più svilupperai il tuo senso di sicurezza, più acquisirai fiducia in te stessa.

Questa è resilienza in senso molto tangibile, che ti aiuterà a credere nella tua forza e capacità di prenderti cura di te stessa.

ESERCIZIO CREATIVO

Disegna un oggetto che esemplifica la tua forza. Un fiore? Un pugno? Un'aquila? Qualunque cosa sia, aggiungi dei colori che rappresentano la forza e che ti danno coraggio. Questa immagine può aiutarti a ricordare quanto sei forte, sia dentro che fuori.

Conclusioni

Non sei una vittima. Sei una donna forte, indipendente, resiliente e con una sua volontà. Costruisci la tua autonomia attraverso la preparazione e la pratica.

Capitolo undici

Sii la tua compagna di allenamento

> "Ogni bambina, non importa il luogo dove vive, merita l'opportunità di sviluppare la promessa che ha dentro di sé
> —Michelle Obama

Spesso inventiamo scuse per non fare esercizio fisico. Allenarsi è difficile e faticoso ed è facile saltare un allenamento dicendoci "lo farò domani". Uno dei modi migliori per mantenersi motivati è trovare una compagna con cui fare attività fisica. Tuttavia, non sempre è possibile.

Se aspetti che qualcun altro, potresti non alzarti mai dal divano. L'esercizio fisico è così importante per il tuo

benessere, sia fisico che mentale, che deve diventare una priorità. Amando te stessa, ti prendi cura di te cosa che passa anche attraverso l'esercizio fisico.

Puoi diventare la tua compagna di allenamento così potrai allenarti proprio come vuoi tu!

METTILO IN PRATICA

Prima di tutto, devi trovare un'attività fisica che ti piace. Se non sai da dove cominciare, puoi provarne di diverse. Cerca online degli allenamenti gratuiti: ne esistono di vari tipi, dallo yoga, alla kickboxing, alla danza... troverai sicuramente qualcosa che fa al caso tuo.

Se vuoi fare un salto di qualità, puoi iniziare a frequentare qualche corso presso il centro benessere o la palestra locale. Prova lo yoga e il nuoto, o magari una lezione di hip hop.

Una volta che hai trovato il tipo di allenamento che ti piace, è il momento di iniziare a integrarlo nella tua vita quotidiana. Dovresti programmarlo proprio come fai con gli appuntamenti o le riunioni di lavoro. È una parte indispensabile della tua vita e non può restare in secondo piano.

Tieni traccia dei tuoi progressi in un diario o su un'app in modo da poter celebrare ogni traguardo.

Essere la propria compagna di allenamento significa prendersi cura di se stesse e crescere. Non hai bisogno di nessun altro: puoi farcela da sola!

ESERCIZIO CREATIVO

Disegna qualcosa che rappresenti il tipo di allenamento che preferisci. Una scarpetta da danza classica? Un guanto da boxe? Gli occhialini da nuoto? Allenarsi facendo ciò che amiamo è il modo migliore per tenersi in forma e sicuramente così troverai sempre un momento della giornata da dedicare allo sport!

Conclusioni

Proprio come le verdure, anche l'attività fisica fa bene e possiamo svolgerlo come preferiamo. Dimentica i vecchi modi tradizionali che richiedono ore di corsa o di sollevamento pesi. L'esercizio fisico può assumere forme diverse e divertenti. In questo modo, non solo allenerai il corpo, ma anche la mente e il cuore.

Capitolo dodici

Lascia andare la negatività

> *...un campione non è definito dalle sue vittorie, ma da come si riprende*
> —*Serena Williams*

La negatività può accumularsi. Se non l'affrontiamo, presto sarà tutto l'unica cosa che vedremo guardandoci allo specchio. Il fuoco, ad esempio, potrebbe ricordarci dell'incidente d'infanzia con la stufa a gas e non un bel falò in spiaggia con gli amici. Se da un lato quella vecchia cicatrice può insegnarci a prevenire il dolore, dall'altro può anche ostacolarci.

Smetteremo di usare la bicicletta, solo perché una volta siamo cadute? Ci aggrapperemo a quel dolore così tanto da non poter vivere appieno la nostra vita?

È così che funziona la negatività. Se ti concentri solo sugli aspetti negativi, come stress, rabbia e dolore, ti sembrerà che la vita sia priva di felicità. In realtà, ti sei solo abituata a guardarla attraverso una lente negativa. Ma non preoccuparti: se davvero lo vuoi, puoi cambiare la tua prospettiva. Sarà un po' difficile all'inizio, ma poi sarai in grado di lasciar andare la negatività e iniziare a notare la bellezza che la vita offre.

METTILO IN PRATICA

Ti senti limitata dalla tua negatività? Non sei felice o produttiva come potresti essere? Prova a fare questo esercizio: ogni sera per una settimana, annota ogni singola cosa che hai fatto durante il giorno, dal preparare il caffè, al svuotare la lavastoviglie. Scrivi tutto. Potrebbe essere una lista piuttosto noiosa, ma non preoccuparti, stiamo solo cercando di rieducare i nostri pensieri.

Dopodiché, inizia a evidenziare le cose positive. Magari hai finalmente completato un compito che stavi rimandando da tempo; hai avuto pazienza con un collega insistente; hai portato in tempo tua figlia a scuola. Annota anche quelle cose positive che potresti

trovare insignificanti! I tuoi occhi cominceranno ad aprirsi alle cose belle della vita. Nel tempo, questi piccoli momenti di gratitudine compenseranno il bias negativo. Ciò ti aiuterà a liberarti dalla negatività. Essere orgogliosa anche dei piccoli traguardi consente di coltivare la fiducia in te stessa e la resilienza e di allontanare la negatività.

ESERCIZIO CREATIVO

Disegna un'immagine che simboleggi il lasciar andare. Magari sei tu in piedi che lasci cadere qualcosa dalle mani. È paura? Negatività? Odio? Rabbia? Tieni questo disegno a portata di mano per ricordarti costantemente di lasciar andare le cose di cui non hai più bisogno.

Conclusioni

Pensa alla negatività come a un peso in eccesso che ti mantiene in cattiva salute, sia dal punto di vista mentale che emotivo, e che ti trattiene dal trovare la vera gioia che meriti. Lasciati andare, guarda ogni cosa sempre attraverso una lente positiva e sii felice.

Parte quarta: Ama la tua capacità di crescere

Capitolo tredici

Affidati alla meditazione

> Non c'è momento migliore di questo
> per essere felice. Ogni momento è tutto ciò
> di cui abbiamo bisogno, nient'altro
>
> —*Madre Teresa di Calcutta*

Può sembrare un controsenso, ma la crescita può realizzarsi anche con la quiete e la permanenza nel momento. Mantenere la mente nel presente aiuta a ridurre lo stress dovuto al pensiero del futuro. In questo stato di presenza, non pensiamo a niente. Immagina il sollievo che proveresti! Per qualche minuto al giorno, possiamo semplicemente essere noi stesse e ascoltare il nostro respiro. Non c'è altro che possa disturbarci, giudicarci o stressarci.

Questa è la meditazione "attiva" e ti sfido a dedicarle un momento ogni giorno. Sarà un momento di sicurezza, calore e amore verso te stessa. La meditazione ti dà la possibilità di mettere in pausa la tua vita per pochi minuti. Ti permette di ricordare che sei umana, che hai bisogno di riposo, che hai bisogno di ricordare chi sei e di prenderti un momento per apprezzare la tua presenza.

Datti il permesso di concederti questo lusso. Respira profondamente e goditi la tua compagnia per un po'. Lascia che i pensieri scorrano nella tua mente senza focalizzarti su di essi.

Mettilo in Pratica

In casa, dedica uno spazio alla meditazione. Non dovrebbero esserci distrazioni esterne, solo tu e i tuoi pensieri. Rendilo un posto sicuro in cui rifugiarti. Includi tutte le decorazioni che desideri e che favoriscono la serenità. Scarica un'app per la meditazione o aggiungi ai preferiti le meditazioni guidate online che corrispondono al tuo umore o si allineano con uno dei tuoi obiettivi. Magari vuoi meditare per ridurre l'ansia, lasciar andare la negatività e praticare la gratitudine. Inizia con una sessione di uno o due minuti, poi lavora gradualmente fino a raggiungere meditazioni più lunghe.

Prendersi del tempo per meditare può aiutare a schiarirsi le idee e a concentrarsi sul riposo e sulla gratitudine. Concediti dei momenti di meditazione per goderti i suoi benefici.

ESERCIZIO CREATIVO

Colora un mandala. È un esercizio rilassante e consapevole, ed è una meditazione in sé e per sé. I dettagli intricati del mandala ti permetteranno di concentrarti e di rilassarti.

Conclusioni

Sicuramente hai già sentito parlare di tutti i benefici della meditazione, ma può sembrarti difficile includerla nella tua routine. Ricorda che puoi meditare ovunque e in ogni momento. Anche se l'ideale sarebbe dedicarvi un luogo esclusivo, non è strettamente necessario. Puoi ritagliarti dei momenti per meditare persino durante il lavoro, se ne hai bisogno. Saranno dei momenti dedicati esclusivamente a te stessa, in cui allontanare le preoccupazioni e i pensieri negativi.

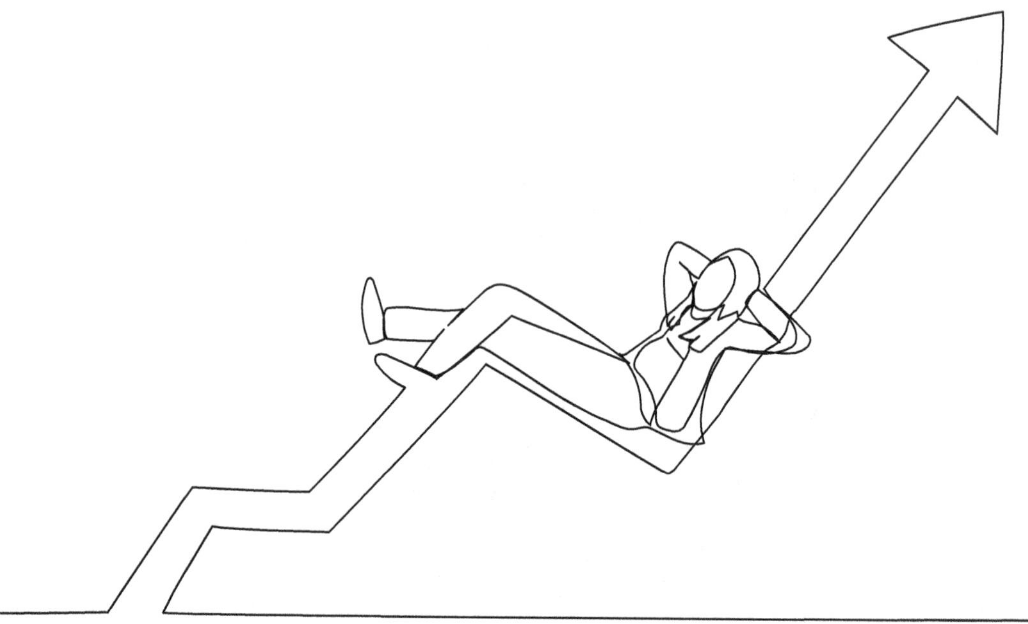

Capitolo quattordici

Coltiva il tuo angolo verde

> *La passione è la legna che mantiene ardente il fuoco dell'obiettivo*
> —*Oprah Winfrey*

Immergersi nella natura è una maniera per ritrovare la pace. Nel tempo libero, passa del tempo all'aria aperta e coltiva un giardino tutto tuo. Può essere sia un hobby che una pratica di consapevolezza. La natura ci ricorda l'importanza dell'equilibrio. Le cose muoiono, ma i loro resti alimentano una nuova vita. Le tempeste arrivano, ma subito dopo arriva un periodo di pace.

Una delle cose che amo della natura è che mi mostra quanto sono piccola nel quadro generale.

C'è molto di più dei nostri problemi quotidiani. Ciò non significa che i tuoi problemi siano insignificanti; piuttosto che c'è una vita oltre questi. Può aiutarti a vedere le cose da una prospettiva diversa quando senti che la negatività sta prendendo il sopravvento.

METTILO IN PRATICA

Trasforma una parte del tuo cortile in un vero e proprio angolo verde. Aggiungi anche solo qualche vaso, oppure modificala completamente. La natura ti darà una nuova prospettiva sulle cose. Coltiva un giardino e cerca di capire in che modo rispecchi i tuoi progressi come persona. Più ti prendi cura di una pianta (te stessa), più questa fiorisce (e così fai tu!).

Il giardinaggio ha dimostrato di ridurre l'ansia, lo stress e la depressione (ScienceDaily, 2022).

Può essere un modo unico per meditare e praticare la consapevolezza. Quando pianifichi il tuo giardino, utilizza piante che non solo si adattano al clima, ma che si allineano anche con le caratteristiche che vorresti emulare. Ad esempio:

- Calla: Bellezza
- Giacinto blu: Costanza
- Edera: Amicizia
- Menta: Virtù
- Salvia: Saggezza
- Tulipani: Passione

Poi, osserva come cresce il tuo giardino, proprio come te.

Esercizio Creativo

Colora l'immagine di un giardino. Se non riesci a trovarne uno adatto a te, disegna il tuo. Assicurati di aggiungere tutte le piante e i fiori che hai incluso in casa per rispecchiare la tua crescita mentre progredisci!

Conclusioni

Il semplice passare del tempo all'aria aperta è utile. Il giardinaggio ti dà la possibilità di sporcarti le mani, di riconnetterti con la natura e di ricordare ciò che è importante. È meditativo, rilassante e permette di imparare qualcosa di nuovo.

Capitolo Quindici

Combatti la battaglia giusta

> **"**
> Ci sono due modi di diffondere la
> luce: essere la candela o lo specchio
> che la riflette
> —*Edith Wharton*
> **"**

Una volta costruita la fiducia in te stessa e la resilienza, potrai poi iniziare a pensare agli altri. Quando troviamo l'amore per noi stesse, ci rendiamo conto che ne abbiamo tantissimo da dare. Al giorno d'oggi, siamo bombardati da cause che ci offrono la possibilità di coinvolgerci.

Quando si trova qualcosa a cui si tiene e a cui si può dedicare del tempo, ci si sente parte di una comunità

e di qualcosa di più grande. Può aiutarti a rafforzare la fiducia in te stessa perché niente costruisce il senso di sé come mettere gli altri al primo posto.

METTILO IN PRATICA

Considera le cause che ti appassionano, dai diritti delle donne all'aiutare coloro che ne hanno bisogno. Scegline una che ti rappresenti, poi offri volontariamente il tuo tempo e le tue abilità a un'organizzazione no-profit locale che svolge un lavoro che ritieni importante. In alternativa, tieni una busta in auto con oggetti che potresti donare a un senzatetto o a qualcuno che ne ha bisogno. Magari un paio di calzini, qualcosa da mangiare e delle bottiglie d'acqua.

Il ritorno di questi sforzi è inestimabile. Sono un'occasione per dedicarti a chi ti sta intorno e prendertene cura. Non te ne pentirai.

ESERCIZIO CREATIVO

Disegnate e colorate l'immagine di una mano tesa verso qualcuno. Attraverso questo disegno, puoi ricordare a te stessa che hai la forza e le abilità per donare agli altri.

Conclusioni

Ognuno di noi ha i propri problemi. Sebbene questo richieda molto tempo e attenzione, e tu te li meriti, ci sono anche altre persone attorno a te. Costruisci la tua fiducia e resilienza aiutando gli altri ogni volta che puoi. Ricorda, anche qualcosa di piccolo conta!

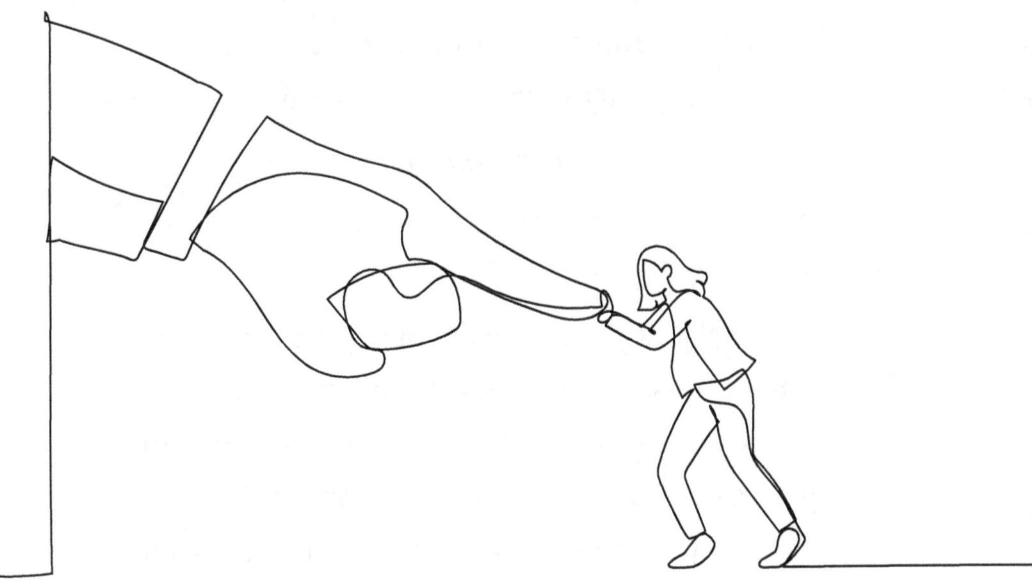

Capitolo sedici

Ispirati con le parole

> Stava diventando se stessa e ogni giorno metteva da parte quel sé fittizio che consideriamo come un indumento con cui apparire davanti al mondo
>
> —Kate Chopin

Il rimpianto può influenzare la nostra vita quotidiana. Pensiamo al passato, ci abbattiamo per quello che abbiamo fatto o detto, credendo che se solo avessimo fatto qualcosa di diverso, ora saremmo più felici. Ma il presente è questo, non si può tornare indietro. Non possiamo fare altro che prendere delle decisioni e fare del nostro meglio adesso.

Possiamo anche cercare di fare scelte migliori in futuro. Uno dei modi in cui mi piace incoraggiare le mie lettrici è pensare di ispirare il loro sé futuro. È un modo per riflettere sul passato, meditare sul presente e aiutarle a prendere decisioni migliori in futuro. Non possiamo cambiare il passato, ma possiamo aggiustare le cose nel presente e lavorare per realizzare un futuro ancora migliore. C'è sempre speranza nel domani.

METTILO IN PRATICA

Scrivi una lettera alla futura te. Più nello specifico, scrivi alla persona che sarai tra dieci anni.

In questa lettera, ti invito a raccontare tutto ciò che hai realizzato finora (concentrandoti sugli aspetti positivi) e a incoraggiarti a lavorare sodo in futuro per continuare così.

Pensa a tutto ciò che hai sopportato e ricordati di essere grata per ciò che hai passato. Poi, scrivi ciò che speri di trasmettere alla futura te. Quali sono i tuoi obiettivi e i tuoi sogni? Esprimi ciò che speri di realizzare anche tra venti o trent'anni.

Questa lettera ha lo scopo di ispirare la persona che sarai in futuro ad andare avanti anche quando vivrà delle difficoltà.

ESERCIZIO CREATIVO

Disegna un'immagine di una scrivania e uno strumento per scrivere. Le parole sono potenti e con esse possiamo ispirare gli altri e noi stesse. Concentrati su questo potere mentre colori l'immagine. Tienila a portata di mano in modo da ricordare il meraviglioso potere delle parole che ci spingono ad apportare cambiamenti e a essere sempre motivati.

Conclusioni

Le parole hanno un potere; possono fare del male o aiutare. Possono persino ispirare. Usa ciò che hai imparato dal tuo passato e dal tuo presente per aiutare la futura te. Gli errori che abbiamo commesso appartengono al passato e non possiamo cambiarli. Ma c'è sempre speranza per un futuro più felice e luminoso. E questa è una delle cose migliori della vita.

Parte quinta: Ama il tuo potere

Capitolo diciassette

Sii la tua ancora

> Non ho paura delle tempeste perché io s
> to imparando a navigare con la mia nave
> —Louisa May Alcott

Sebbene avere delle persone nella nostra vita sia spesso un conforto e una gioia, dobbiamo anche imparare a bastare a noi stesse. Ognuno di noi ha un viaggio unico sulla terra e dobbiamo essere in grado di mantenerci forti e centrati mentre andiamo avanti. Dobbiamo imparare ad appoggiarci a noi stesse per ricevere quella forza necessaria per superare ogni difficoltà.

So che può essere più facile contare sugli altri nei momenti di difficoltà, ma dovresti iniziare a pensare

a te come un vero pilastro. La tua forza interna dovrebbe essere un posto in cui rifugiarti.

La vita può essere piena di tempeste e noi dobbiamo essere l'ancora che ci tiene al sicuro quando la barca inizia a vacillare. Sebbene possiamo contare sulle persone che ci vogliono bene, dovremmo anche imparare a dipendere esclusivamente da noi stesse. Siamo le nostre alleate, siamo l'ancora delle nostre navi e possiamo trovare la giusta stabilità e l'equilibrio da sole.

METTILO IN PRATICA

Poiché a volte questo può sembrare un concetto piuttosto vago, puoi creare un'immagine o stabilire un oggetto che ti ricordi la tua stabilità. Ti consiglio di usare un gioiello che indosserai ogni giorno o a un piccolo oggetto da tenere sempre con te.

Magari una collana con un ciondolo, un anello o anche un braccialetto. Non importa. Ma devi averlo sempre con te, in modo da poterlo toccare per ricordarti di essere ancorata e in equilibrio. Quando avverti una tempesta in arrivo, fermati un attimo e fai un respiro profondo.

Questi gioielli ti aiuteranno a pensare ai prossimi passi da fare, piuttosto che agire senza ragionare.

ESERCIZIO CREATIVO

Disegna qualcosa che rappresenti pace e tranquillità. Tieni questa immagine con te, in modo da poterla utilizzare sempre come un altro modo per ancorarvi. Usa colori tenui e rilassanti e ricorda a te stessa che trovare la propria pace è possibile.

Conclusioni

Possiamo fuggire dal caos contando su noi stesse e trovare quella forza e stabilità necessarie ad affrontare la vita di tutti i giorni. Devi solo imparare a essere la tua ancora, così da poter superare qualsiasi tempesta.

Capitolo diciotto

Ama il tuo look

> **"** Sei sempre con te stessa, quindi è
> meglio che ti piaccia la tua compagnia
> —*Diane von Furstenberg* **"**

Amare chi sei significa apprezzare la tua personalità, ma anche accettare il tuo corpo e il tuo aspetto. Anche se può essere divertente provare nuovi vestiti e cosmetici e sperimentare nuovi stili, farlo, oltre che costoso, può essere una distrazione che ti allontana da te stessa.

Per arrivare ad amare veramente te stessa, dovresti imparare ad amare ciò che già possiedi. Nel bene e nel male, questo è ciò che sei. Ti aiuta anche a

concentrarti sui tuoi punti forti invece che su ciò che non ti piace di te. Ti fa pensare alla gratitudine piuttosto che alla negatività.

E quando ami te stessa e apprezzi il tuo aspetto e il tuo corpo, tutti lo noteranno. L'autostima risplende attraverso di te, rendendoti ancora più bella.

Mettilo in Pratica

Per cominciare ad amare il tuo aspetto devi guardarti senza maschere. Scatta una foto senza trucco, per iniziare ad apprezzare la tua bellezza naturale. Ricorda che sei tu a decidere come vedi te stessa e nessun altro. Anche se non ti trovi bella, puoi comunque amarti e apprezzare ciò che hai. Quella sei tu, speciale e unica.

ESERCIZIO CREATIVO

Fatti un autoritratto. Lascia che ti ricordi che l'immagine che vedi allo specchio fa parte di te. Non è qualcosa da odiare o da temere, ma da amare.

Conclusioni

Magari apprezziamo molte cose di noi stesse, ma spesso noi donne ci dimentichiamo di iniziare ad amare il nostro aspetto. Prenditi del tempo per guardarti senza filtri e impara ad apprezzare ciò che hai!

 94 

Capitolo diciannove

Elenca i tuoi punti di forza

Ognuna di noi ha dentro di sé la propria forza; anche se non riusciamo a vederla, è lì, in attesa di essere riconosciuta e liberata. Il semplice fatto che tu sia qui oggi mostra la tua grandezza. La vita è dura per tutti. Ma quando hai la forza di andare avanti, dimostri il tuo carattere e la tua resilienza.

Trova i tuoi punti di forza e ricorda che sono solo tuoi. È molto bello ricevere complimenti dalle altre persone, ma devi anche imparare a riconoscere tu

stessa i tratti unici che ti contraddistinguono. Cercali, sono dentro di te, anche se pensi di non averne.

In questo modo, guarderai alla vita attraverso una lente positiva, proprio come abbiamo cercato di fare nei capitoli precedenti. Cercherai le cose belle e luminose, e, sforzandoti di farlo, imparerai a vederle in modo naturale ogni giorno.

METTILO IN PRATICA

Invece di fare semplice elenco delle tue qualità, costruisci una sorta di curriculum che però non ha nulla a che fare con le qualifiche lavorative. Inizia sottolineando i tuoi punti di forza che ti permettono di affrontare la vita. Immagina di candidarti per un lavoro basato esclusivamente sulle tue qualità e sui tratti positivi della tua personalità.

Se hai bisogno di aiuto o di ispirazione, fai un test online per scoprire le tue qualità. Poi, chiedi ai tuoi amici e familiari di indicarti un tuo tratto caratteriale che sia un punto di forza.

Leggi questo curriculum ogni volta che senti che la tua fiducia in te stessa inizia a vacillare.

Esercizio Creativo

Utilizzando colori diversi, annota e illustra cinque dei punti di forza del tuo "curriculum". Disegnali come preferisci e come li immagini. I colori dovrebbero ricordarti il potere, la forza e l'abilità.

Conclusioni

A volte, abbiamo semplicemente bisogno di una spinta per andare avanti e ricordarci che abbiamo qualcosa di buono da offrire agli altri. Non aspettare che gli altri ti facciano i complimenti: fatteli da sola!

Capitolo venti

Datti più spazio fisico

Man mano che andiamo avanti nella vita, iniziamo a costruire e ad accumulare cose intorno a noi. Possono essere cose fisiche, persone, eventi sociali o obblighi lavorativi. Le cose si accumulano e mutano e ci aiutano a capire che la vita è così ingombra di cose che non abbiamo nemmeno lo spazio per respirare. Magari non te ne rendi neppure conto. Tuttavia, lo stress e l'ansia possono derivare da ciò che ci circonda, che ci pesa o che ci sottrae energia. Ciò che abbiamo

costruito dice molto di noi, e non significa che siano tutte cose brutte o negative. Ma prenditi un po' di tempo per riflettere su ciò che stai facendo e su ciò che puoi finalmente lasciar andare.

Quanto più spazio hai nella tua vita, più facilmente sarai in grado di respirare. Avere spazio fisico ti permette di iniziare ad amarti nel modo che meriti. Ti dà il tempo di riflettere sui tuoi punti di forza e sui tuoi doni, nonché di recuperare l'energia che pensavi di aver perso. Così, potrai creare una vita rinnovata e con più vigore che mai. Sarai più felice, più forte e ti sentirai più sicura e radicata.

METTILO IN PRATICA

Fai una pulizia approfondita nella tua vita: analizza gli oggetti che ti circondano, ma anche gli impegni che occupano le tue giornate. Mantieni solo ciò che ti porta gioia. Puoi dare via il resto affinché possa dare gioia a qualcun altro.

Partecipa solo a eventi sociali che ti portano felicità: questo ti aiuterà anche a capire cosa ti trasmette tristezza, rabbia o tossicità nella vita.

Lascia andare le abitudini che ostacolano i progressi verso i tuoi obiettivi. Tieni traccia della tua "depurazione" su un foglio in modo da poter seguire i tuoi progressi.

ESERCIZIO CREATIVO

Fai una lista delle cose da fare per fare "pulizia" nella tua vita. Tienila a portata di mano per ogni volta che hai bisogno di capire da cosa allontanarti.

Conclusioni

Usa lo spazio che hai liberato per dedicarlo a oggetti, conoscenze, amici, amanti ed esperienze più luminose e fresche. Magari in questo modo avrai più tempo per uscire con gli amici, per appuntamenti d'arte e per esplorare la tua spiritualità. Qualunque cosa sia, potrai finalmente respirare senza ciò che prima ti opprimeva.

Conclusione

Una volta trovata la nostra resilienza, diventiamo come alberi con radici profonde. Le forti scosse della vita non ci spostano; al contrario, rimaniamo saldi durante le tempeste e, una volta tornato il sereno, siamo ancora lì, più resilienti e splendenti di prima. È questa la vera resilienza.

Non è l'assenza di dolore o difficoltà, paura o rabbia. È la capacità di resistere. Sii la tua ancora per superare i momenti difficili. Cerca sempre una via d'uscita per ritrovare l'equilibrio e la stabilità. Potrai anche avere qualche cicatrice, ma mai più ferite aperte.

La forza, il potere e la luce che cerchi sono dentro di te. Hai tutti gli strumenti necessari per costruire la tua resilienza.

Puoi sviluppare questa preziosa qualità in vari modi:

- amando la tua **generosità**
- amando il tuo **entusiasmo**

- amando la tua **verità**
- amando la tua **capacità di crescere** e
- amando il tuo **potere**

Come puoi vedere, ciò che accomuna tutti questi punti è l'amore. L'amore è il punto di partenza. Quando ti prendi cura di una pianta, questa fiorisce e per te vale la stessa cosa. Concediti gentilezza, rispetto e riconoscimento. Mostra compassione per te stessa; prenditi cura di te e cerca i tuoi punti di forza invece di concentrarti sulle tue debolezze.

In questo modo sboccerai e brillerai. La forza che trovi amando ogni aspetto di te stessa ti renderà più resiliente. Le tempeste arriveranno, ma tu sarai

forte e stabile. Avrai il potere di superare qualsiasi momento difficile, diventando ogni giorno un po' migliore.

Impressum

Per domande, feedback e suggerimenti:

support@specialartbooks.com

Nina Madsen, Special Art

Copyright © 2023

www.specialartbooks.com

Immagini © Shutterstock